三國志

이희재 삼국지

6

적벽대전, 전략 대 계략

Humanist

작가의 말

　《삼국지》에는 숱한 이야기의 물줄기가 흘러갑니다. 잔잔한 수면 위에 파동이 일기도 하고, 장대비가 내리치며 홍수가 이는가 하면, 거센 파도가 밀려와 평온한 마을을 덮치기도 합니다. 사람과 사람, 세력과 세력이 맞물리고 부딪치며 대륙을 질러가고, 산과 들을 굽이돌아 흐르며 천지를 뒤흔듭니다. 1800여 년 전, 고대 중국에서 구름처럼 일었던 인물들의 이야기입니다.

　천지가 요동쳐도 흔들림이 없는 관우, 감정에 충실한 용맹의 사나이 장비, 인의의 뜻을 따르며 어질기 그지없는 유비, 이상을 품고 초막에 누워 있다 유비를 따라나선 풍운의 지략가 제갈공명, 사람을 버리고 얻는 데 실리를 좇으며 천하 제패에 다가서는 조조, 무도한 행동으로 배신의 대명사가 된 여포, 그 밖에도 손권·주유·원소·공손찬·조자룡·태사자·방통·황충·마초·강유·사마의 등등…. 실로 수백수천의 영웅호걸들이 활개를 칩니다. 어떤 이는 힘과 용기로, 또 어떤 이는 머리와 꾀로, 밀고 당기고 치고 빠지며 천하를 종횡합니다.

어렵고 긴 내용을 경쾌하게 만날 수 있다는 것이 만화의 장점입니다. 한 권에 수백 쪽이 넘는 활자책을 이백여 쪽의 시각 조형으로 구성하는 일은 제한된 지면의 절대 공간과 싸우는 일이었습니다. 《삼국지》를 만화로 만드는 과정은 원작의 큰 줄기를 살리고 곁가지들을 솎아 내는 일이기도 하였습니다. 나관중 원작에서 벗어난 부분을 살피고, 중국 민중들 사이에서 입으로 전해지는 에피소드를 일부 보탰습니다.

흔히 《삼국지》를 세상살이를 읽는 책이라고 합니다. 세상을 살아가며 사람 사이의 관계를 헤아리고 자신을 돌아보며 성찰을 이끌어 내는 내용이기 때문일 것입니다. 한 번쯤 읽어야 할 고전이며 한 번쯤 걸어야 할 길이라는 의미이기도 합니다. 《이희재 삼국지》는 아이와 부모가 함께 읽을 수 있는 책으로, 부모들이 먼저 읽고 자녀들에게 권하는 만화입니다. 《삼국지》의 무대 속으로 들어가 시간 여행을 하기 바랍니다.

2016년 7월
이희재

등장인물

유비·관우·장비
군사 제갈량의 도움을 받아 형주에 기반을 마련한다.

제갈량
동맹군이자 경쟁자인 주유와 함께 적벽에서 조조군에 맞서 신묘한 활약을 펼친다.

조자룡
전투에 나서면 물러설 줄 모르고 승리를 이끌어 내는 맹장이다.

방통
봉추라 불리는 또 한 명의 천재 모사. 조조에게 연환계를 제안한다.

손권
동오의 맹주. 조조의 대군이 압박해 오자 주유와 노숙 등에게 조언을 구한다.

주유
동오의 도독. 과감한 결단력과 타고난 용맹으로 조조군에 맞선다.

황충
장사 땅의 용장. 적으로 만났으나 유비의 덕에 끌려 유비의 사람이 된다.

조조
백만 대군을 이끌고 적벽을 향해 진격한다.

황개
손견 때부터 손씨 집안을 섬긴 무장. 충성심이 강하다.

마등과 마초
서량의 군벌 마등은 황규와 더불어 조조 제거에 나서지만 실패한다. 마등의 아들 마초는 아버지의 원수를 갚기 위해 조조를 공격한다.

차례

작가의 말　4
등장인물　6

제1장　**안개 속에서 적의 화살을 얻다**　　11

제2장　**계략과 꾀가 맞서다**　　29

제3장　**방통, 연환계로 조조의 배를 묶다**　　45

제4장　**동남풍을 불러와 불바다를**　　69

제5장　**싸움은 주유가 하고, 성은 유비가 차지**　　85

제6장　**황충이 유비에게로 오다**　　115

제7장　**유비가 배필을 얻다**　　135

제8장	**하늘은 주유를 낳고 어찌하여 또 공명을 낳았는가**	165
제9장	**봉추가 유비에게 날아들다**	181
제10장	**날 살려라, 조조는 꼬리를 빼고**	193

■ 연표　　　　　　　　　　　　　　　219

■ 일러두기
- 이 책에서 말하는 《삼국지》는 진수가 쓴 정사 《삼국지》가 아니라 나관중이 지은 소설 《삼국지연의》를 뜻합니다.
- 《삼국지》에는 유비·조조처럼 성과 이름으로 부르는 경우와, 현덕(유비)·맹덕(조조)처럼 자로 부르는 경우가 뒤섞여 있습니다. 상대방을 이름으로 부르는 것은 자신보다 지위가 낮거나 어린 사람인 경우, 또는 싸움에서 상대를 무시할 때 등이고, 보통은 이름 대신 자를 부르는 것이 관례입니다. 이 책에서는 공명(제갈량)이나 자룡(조운)처럼 자가 널리 알려진 몇몇 인물만 자와 이름을 혼용해 썼고, 그 외 인물 대부분은 혼란을 줄이기 위해 성과 이름으로 표기했습니다.
- 지명은 〈외래어 표기법〉 대신 소설에서 널리 쓰인 관용 표기를 따랐습니다. 예를 들어 洛陽을 뤄양이라 하지 않고 낙양처럼 우리 한자음 읽기를 했습니다.
- 이 책에 실린 지도와 연표는 《삼국지》의 이해를 돕기 위한 것으로 실제 역사와는 차이가 있습니다.

제1장

三國志

안개 속에서 적의 화살을 얻다

제2장

三國志

— 계략과 꾀가 맞서다

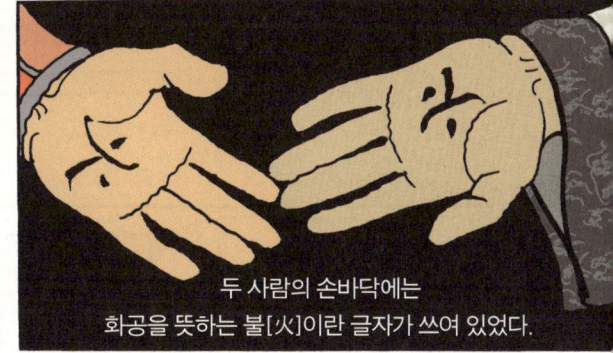

두 사람의 손바닥에는 화공을 뜻하는 불[火]이란 글자가 쓰여 있었다.

우리 두 사람의 뜻이 같으니 다른 계책은 논할 필요가 없소.

단, 이 일이 절대 밖으로 새 나가서는 안 될 것이오.

동오와 유 황숙의 운명이 걸린 일입니다. 내 어찌 함부로 입을 놀리겠소.

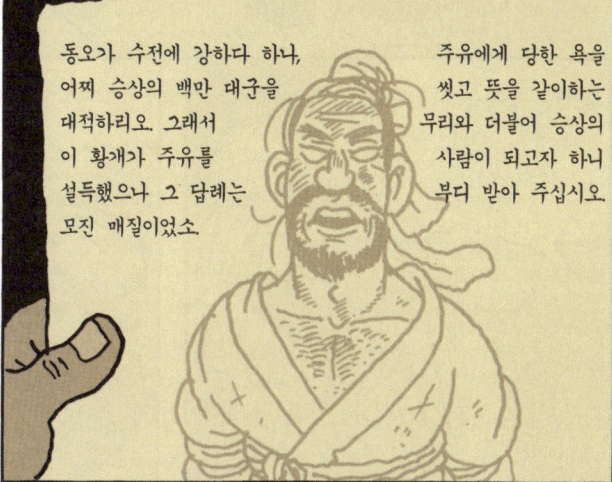

제3장

三國志

방통, 연환계로 조조의 배를 묶다

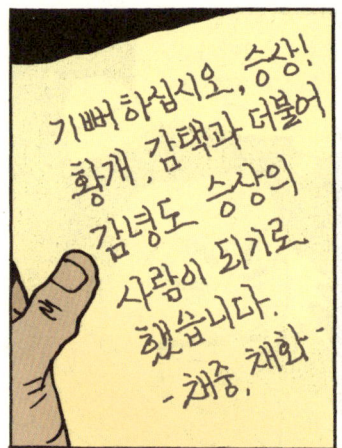

해마다 겨울에 부는 서북풍이
하루나 이틀쯤 동남풍으로 바뀐다는 사실을
공명은 알고 있었다.

이맘때쯤이면
어김없이 동남풍이
불어온다.

공명은 동남쪽에서 가져온 흙으로
칠성단을 쌓게 했다.

출전이 코앞이니 만반의 준비를 갖추시오!

선봉은 황개!

바람의 방향이 바뀌는 대로 조조 함대로 돌격한다!

제4장

三國志

― 동남풍을 불러와 불바다를

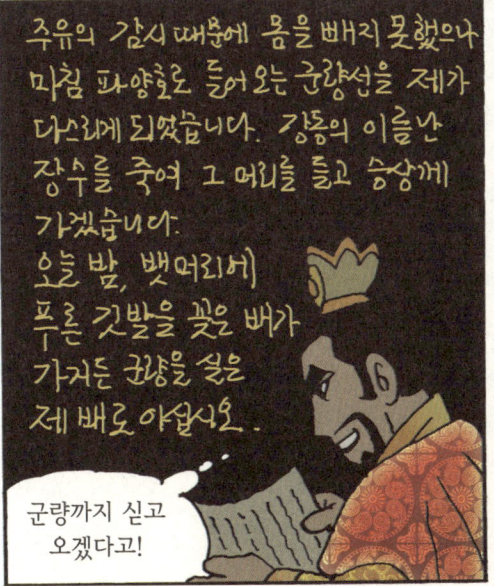

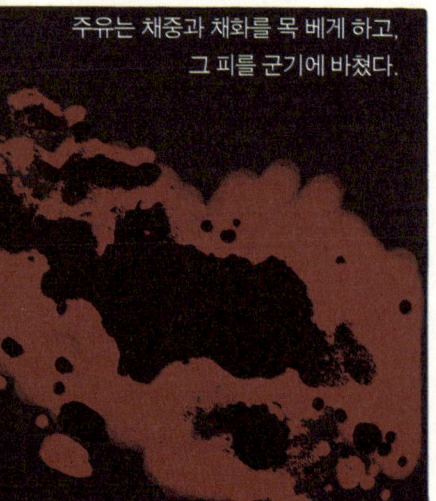

주유는 채중과 채화를 목 베게 하고, 그 피를 군기에 바쳤다.

마침내 출전의 명이 떨어졌다. 황개의 불배 20척을 앞세운 동오군은 적벽을 향해 미끄러져 나아갔다.

조조군의 수채를 불태운 불길은 바람을 타고 주변의 들과 산으로 번져 천지를 삼키고 있었다. 적벽 대전으로 이름하는 이때의 불지옥에서 목숨을 잃은 자는 이루 헤아릴 수가 없었다.

제5장

三國志 — 싸움은 주유가 하고, 성은 유비가 차지

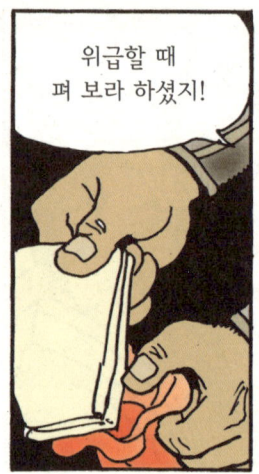

제6장

三國志

황충이 유비에게로 오다

형주와 양양 땅에는 마씨 성을 가진 다섯 형제가 이름이 높았다. 그 가운데 특히 마량은 밝고 어진 인품으로 고을 사람들의 존경을 한 몸에 받았다. 마량의 눈썹 사이에는 흰 터럭이 나 있었는데, 여럿 가운데 가장 뛰어난 것을 가리키는 '백미(白眉)'라는 말은 여기서 유래했다. 유비는 예를 다해 마량을 맞았다.

마량 선생, 제게 형주와 양양 땅을 지켜 나갈 지혜를 일러 주시오.

형주와 양양은 사방이 틔어 있어 지키기 쉽지 않습니다. 먼저 백성들부터 안정시키십시오.

그런 다음에 남으로 내려가 무릉·장사·계양·영릉 네 군을 차지하십시오.

거기에 재물과 곡식을 비축해 두면, 뒷날 대업을 이루는 데 바탕이 될 것입니다.

네 곳 가운데 어느 군부터 손에 넣어야 하겠소?

영릉부터 차지하시는 게 좋겠습니다.

제6장 황충이 유비에게로 오다 117

제6장 황충이 유비에게로 오다 121

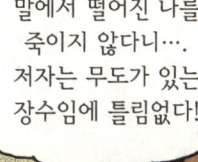

제6장 황충이 유비에게로 오다

제7장

三國志

유비가 배필을 얻다

장료의 역습에 크게 패한 동오군은 군사를 장강 너머로 물렸다.

• **교 국로** 교 국로는 이교(대교와 소교)의 부친이다. 국로는 나라에 공이 많은 연로자, 혹은 나이가 들어 벼슬을 사양한 사람을 일컫는 말이다.

• **탄복지재** 사윗감을 일컫는 말.

어머나, 예뻐라!

서른 살 차이가 넘는대!

우왁! 아버지뻘여!

신랑 입이 귀밑까지 찢어지네! 좋겠다!

유 황숙 같은 분을 사위로 맞아들였으니 앞으로 동오는 희망이 넘칠 것이오!

아이고, 이 늙은 놈한테 소중한 내 누이를 바치다니….

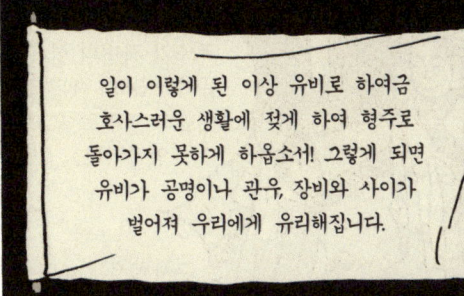

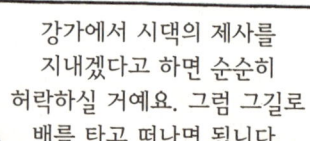

흥, 주 도독의 예상대로야. 도둑고양이처럼 빠져나오는군.
역시 주 도독은 유비의 속까지 들여다보고 있어.
정봉
서성
달려라, 워워~
저기 간다. 쫓아라!
우왓! 앞뒤로 군대가 추격해 온다!
손 부인을 꼬드겨 달아나는 유비는 말에서 내려라!
서성
주공, 공명 군사가 준 세 번째 주머니를 열어 볼 때입니다.
오!
주공, 꽃 같은 손 부인께 눈물로 도움을 청하십시오.
부인, 실은 오라버니께서 나를 동오로 불러들인 것은 형주를 빼앗기 위한 계략이었소.
슬프게도 우리들의 인연은 이뿐인가 보오.
이제 앞뒤로 군사를 보내 나를 죽이려 하니 이 일을 어찌하오?
으흑!
오라버니가 나를 미끼로 사용했다니, 이 지경이면 나를 핏줄로 여기지 않는다는 얘기군요.
걱정 놓으셔요.

제8장

三國志

하늘은 **주유**를 낳고
어찌하여 또 **공명**을 낳았는가

제8장 하늘은 주유를 낳고 어찌하여 또 공명을 낳았는가

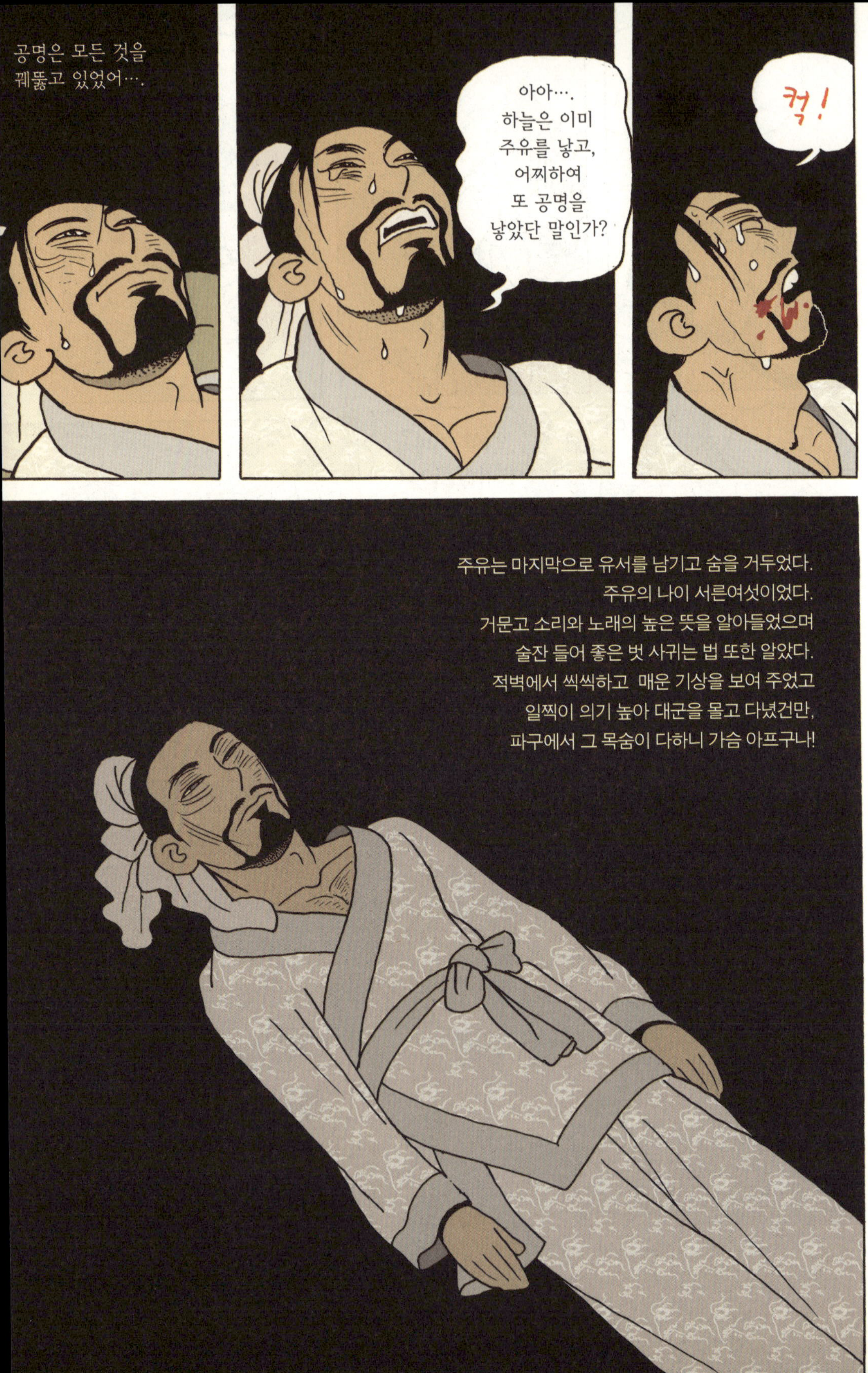

공명은 모든 것을
꿰뚫고 있었어…

아아….
하늘은 이미
주유를 낳고,
어찌하여
또 공명을
낳았단 말인가?

컥!

주유는 마지막으로 유서를 남기고 숨을 거두었다.
주유의 나이 서른여섯이었다.
거문고 소리와 노래의 높은 뜻을 알아들었으며
술잔 들어 좋은 벗 사귀는 법 또한 알았다.
적벽에서 씩씩하고 매운 기상을 보여 주었고
일찍이 의기 높아 대군을 몰고 다녔건만,
파구에서 그 목숨이 다하니 가슴 아프구나!

제9장

三國志 —— 봉추가 유비에게 날아들다

제10장

三國志

날 살려라, 조조는 꼬리를 빼고

마초는 접전 때마다 조조를 몰아붙였다.
연이어 깨지던 조조는 위하에서 궁지에 몰렸다.

조조 네놈이 나와 겨루어 보자!
젖내도 가시지 않은 어린놈아,
이 어른이 네 뒤통수를 얼러 주마!
조무래기가 입이 걸구나!
허저더러 나와서 내게 한 수 배우라 일러라!
이놈아, 내가 바로 허저다!
오냐, 허전지 허깨빈지 대적해 보자!
챙
창
차
챙
제법! 내 창을 백 합이나 견디는 걸 보니 허깨빈 아니네.
어린놈이 말이 많다!
용과 범이로다. 마초의 용맹함이 여포가 살아온 것 같다.
마초 놈이 죽지 않는다면 내가 죽어 묻힐 땅도 없겠구나!

■ 적벽 대전 전과 후

❶ 조조의 명을 받은 하후돈이 신야를 공격해 오자 제갈량은 박망파에 군사를 배치해 물리친다. 조조는 다시 50만 대군을 보내고, 유비는 신야를 지키기 어렵다고 판단해 자신을 따르는 백성들과 함께 번성으로 피한다.

❷ 조조가 번성을 향해 진격하자 유비는 다시 양양으로 옮기기로 한다. 이때 또 많은 백성들이 유비를 따라나선다.

❸ 조조의 위력에 겁을 먹은 양양의 유종은 유비를 외면한다. 이에 제갈량은 형주의 요충지인 강릉으로 갈 것을 제안하고, 유비는 관우를 강하의 유기에게 보내 도움을 청하도록 한다.

❹ 조조군은 강릉을 향해 가는 유비를 뒤쫓는다. 제갈량은 관우로부터 소식이 없자 직접 강하로 가기로 한다. 조조의 명을 받은 문빙이 유비를 공격하여 위험에 빠뜨리지만, 장비가 장판파에서 기지를 발휘해 조조군을 따돌린다.

❺ 남하하던 유비는 한진 나루에서 관우와 만나 유기가 있는 강하로 향한다.

❻ 조조는 강릉을 점령하고 민심을 수습하는 등 형주 땅 곳곳을 안정시킨 후, 대군을 동원해 손권에게 항복을 권한다. 공명은 노숙과 함께 손권이 있는 시상으로 가 손권과 주유를 부추겨 조조와 맞서 싸우도록 한다. 유비는 전열을 가다듬은 후 번구에 군사를 집결시킨다.

❼ 적벽에서 손·유 연합군이 화공으로 조조의 대군을 격파한다. 조조는 오림 방향으로 피신한다.

❽ 오림에서 대기하고 있던 조자룡이 조조를 공격하지만 놓친다. 장비 역시 조조를 사로잡는 데 실패한다.

❾ 화용도로 간 관우는 조조와 마주치지만, 지난날 조조가 자신에게 베풀었던 후의 때문에 조조를 놓아주고 만다.

■ 연표

208 꾀가 혀를 이기다.
조조의 수하 장간은 옛정을 이용해 주유를 회유하려 한다. 주유는 오히려 계략을 써 수전에 능한 장수 채모와 장윤을 죽게 만든다.

207 공명이 조조로부터 화살을 얻다.
공명을 경계한 주유는 공명을 제거하기 위해 열흘 안에 화살 10만 개를 만들라는 무리한 요구를 한다. 공명은 조조군을 기습하는 척하여 적이 쏘는 화살을 얻어 돌아오는 기지를 발휘한다.

사항계 대 고육계
순유는 채모의 억울한 죽음을 이용해 채모의 친척 아우인 채중과 채화를 동오 측에 거짓으로 항복하게 하는 사항계를 쓴다. 주유는 이를 간파해 역이용할 기회를 노리고, 황개는 고육계를 제안한다.

연환계
조조는 황개의 고육계를 의심한다. 장간이 이를 확인하기 위해 다시 동오로 오자 주유는 방통을 불러 도움을 청한다. 이를 모르는 장간은 방통을 데리고 조조에게로 가고, 방통은 조조에게 배와 배를 고리로 묶어 단단히 고정하는 방식인 연환을 취하라는 거짓 조언을 한다.

공명이 동남풍을 빌다.
천시에 능해 겨울이라도 하루나 이틀쯤은 바람의 방향이 바뀌는 것을 알고 있는 공명은 주유에게 자신이 동남풍을 부르겠다며 장담한다. 주유는 출전 준비를 시작하고 황개에게 선봉을 맡긴다.

공명이 동오를 떠나다.
실제로 바람의 방향이 바뀌자 공명의 능력에 놀란 주유는 병사들을 시켜 공명을 죽이라고 지시한다. 주유의 심리를 꿰뚫고 있던 공명은 미리 준비해 둔 배를 타고 떠난다. 이후 조조와 일전을 준비하는 동시에 각 장수를 요지에 매복하게 하여 다음 일을 준비한다.

적벽이 불타다.
황개는 투항하러 가겠다는 거짓 밀서를 보내고는 은밀히 화공을 준비하여 조조군의 수채를 향해 간다. 순유는 수상한 낌새를 알아차리고 황개의 선단을 막아보려 하지만 방통의 연환계에 의해 단단히 엮인 배들은 화공에 속수무책으로 불타오르고 만다.

조조가 달아나다.
조조의 대군은 괴멸 직전에 몰리고 조조는 간신히 뭍으로 달아나지만 주유군의 공격을 받는다. 오림에서는 조자룡에게, 호로곡에서는 장비에게 쫓기다 간신히 화용도에 도착하였으나 관우와 맞닥뜨린다. 조조는 예전에 베푼 후의를 상기시키며 관용을 청하고, 마음이 흔들린 관우는 조조를 놓아준다.

유비가 남군성을 차지하다.
공명은 주유를 부추겨 조인을 공격하게 한 후, 두 군대가 싸우는 사이 남군성을 점령한다. 이후 유비는 형주를 발판으로 삼아 세력을 키워 나간다.

209 유비가 손권의 누이와 결혼하다.
주유는 유비에게 손권 누이와의 결혼을 제안하면서 유비를 볼모로 잡으려 하지만. 유비는 공명의 도움을 받아 이듬해 손권의 누이를 데리고 형주로 돌아온다.

210 주유가 죽다.

211 조조가 마등을 죽이다.
조조는 손권을 치기 전 서량의 마등을 제거한다. 마등의 아들 마초는 아버지의 원수를 갚기 위해 군사를 일으키고, 마초의 기세에 눌린 조조는 패퇴한다.

- **사항계** 거짓[詐]으로 상대편에 항복[降]하여 적을 교란시키는 계책[計]이다.

- **고육계** 몸[肉]을 괴롭게[苦] 하는 계책[計]이란 뜻으로, 황개처럼 일부러 체형을 받거나 하여 자신을 믿게 만든 후 적을 속이는 방식이다. 매우 어려운 상태에 빠졌을 때 어쩔 수 없이 행하는 타개책을 뜻하기도 한다.

- **연환계** 원래는 고리[環]를 연결하는[連] 계책[計]이란 뜻으로, 적벽 대전의 경우처럼 배들을 묶은 후 화공을 취하는 방식이다. 방통의 역할에서 알 수 있듯, 첩자를 보내 적을 분열시키거나 적의 약점을 파고드는 것을 뜻하기도 한다.

이희재 삼국지 6 적벽대전, 전략 대 계략

글 그림 | 이희재
원작 | 나관중
만화 어시스트 | 황철주(구성), 유병윤 장모춘(데생), 고은미 지혜경(채색)

초판 1쇄 발행일 2016년 10월 20일

발행인 | 김학원
경영인 | 이상용
편집주간 | 김민기 위원석 황서현
기획 | 문성환 박상경 임은선 김보희 최윤영 전두현 최인영 이혜인 이보람
디자인 | 김태형 유주현 최우영 구현석 박인규
마케팅 | 이한주 김창규 이정인 함근아
저자·독자 서비스 | 조다영 윤경희 이현주(humanist@humanistbooks.com)
스캔·출력 | 이희수 com.
조판 | 프린웍스
용지 | 화인페이퍼
인쇄 | 삼조인쇄
제본 | 정성문화사

발행처 | (주)휴머니스트 출판그룹
출판등록 | 제313-2007-000007호(2007년 1월 5일)
주소 | (03991) 서울시 마포구 동교로23길 76(연남동)
전화 | 02-335-4422 팩스 | 02-334-3427
홈페이지 | www.humanistbooks.com

ⓒ 이희재, 2016

ISBN 978-89-5862-153-9 07910
ISBN 978-89-5862-158-4 (세트)

이 도서의 국립중앙도서관 출판예정도서목록(CIP)은 서지정보유통지원시스템 홈페이지(http://seoji.nl.go.kr)와 국가자료공동목록시스템(http://www.nl.go.kr/kolisnet)에서 이용하실 수 있습니다.(CIP제어번호: CIP2016023740)

만든 사람들

기획 | 위원석 (wws2001@humanistbooks.com)
편집 | 고홍준 이영란 이혜인
디자인 | 김태형 최우영 박인규
지도 | 임근선

• 이 책은 저작권법에 따라 보호받는 저작물이므로 무단전재와 무단복제를 금합니다. 이 책의 전부 또는 일부를 이용하려면 반드시 저자와 (주)휴머니스트 출판그룹의 동의를 받아야 합니다.